LES NUAGES

A la poursuite d'une vision

INTRODUCTION

Il était une fois un garçon nommé Niel qui est né dans un petit village de pêcheurs aux Philippines. Dès son plus jeune âge, il a été élevé avec les valeurs philippines de travail acharné, de persévérance et de respect pour les autres. Niel a également eu l'opportunité d'apprendre l'art de la qualité horlogère suisse, qui allait devenir une passion pour lui plus tard dans la vie.

Au fil du temps, Niel a quitté son village natal pour voyager en Europe. Il a finalement atterri en Suisse et au Royaume-Uni, où il a travaillé dans l'industrie horlogère. C'est à ce moment-là qu'il a trouvé sa véritable passion et a commencé à croire en un pouvoir supérieur qui l'aiderait à réaliser ses rêves.

Il a également rencontré Rose, la femme de sa vie, et ensemble, ils ont bâti une entreprise horlogère prospère qui a révolutionné l'industrie. Mais pour Niel, le véritable succès n'était pas seulement dans les affaires, c'était dans la façon dont il pouvait donner en retour à la communauté.

Niel et Rose ont décidé de donner une grande partie de leur richesse à travers des œuvres philanthropiques, montrant que la vraie richesse n'était pas seulement dans les possessions matérielles, mais dans la façon dont on impacte positivement la vie des autres.

CHAPITRE 1 :
LE VILLAGE DE PÊCHEURS

Jérémie 29:11 - "Car je connais les projets que j'ai formés sur vous, dit l'Éternel, projets de paix et non de malheur, afin de vous donner un avenir et de l'espérance."

Niel est un petit garçon accueillant qui vit dans un petit village de pêcheurs quelque part aux Philippines. Il a un teint naturellement bronzé, témoignage des nombreuses heures qu'il a passées à pêcher et à jouer au bord de l'eau sous le soleil. Niel est un enfant curieux et aimant qui est toujours désireux d'explorer et d'en apprendre davantage sur le monde qui l'entoure.

Malgré sa jeunesse, Niel possède un fort sens de l'empathie et un désir d'aider les autres. Il est particulièrement proche de ses grands-parents et les aident souvent dans leurs tâches quotidiennes et leurs courses. Niel adore passer du temps avec ses grands-parents, écouter leurs histoires et apprendre de leurs expériences.

Dans ses temps libres, Niel pouvait souvent être trouvé assis au bord de la plage, regardant les vagues se briser contre les rochers et écoutant les sons de la mer. Il est un pêcheur habile et ramenait souvent une prise fraîche à la maison pour la partager avec sa famille et ses amis. L'amour de Niel pour l'océan et sa curiosité naturelle en ont fait une figure aimée dans son village, et il était connu pour sa nature gentille et serviable.

Cependant, malgré sa beauté naturelle et sa richesse culturelle, le village de Niel est confronté à de graves problèmes environnementaux qui menacent leur mode de vie traditionnel. Les changements climatiques ont eu un impact significatif sur la région, provoquant des sécheresses prolongées, des inondations dévastatrices et des tempêtes de plus en plus violentes.

Les tempêtes de plus en plus fréquentes et destructrices sont une préoccupation majeure pour Niel et sa communauté, car les pêcheurs locaux ne peuvent plus prévoir les conditions de pêche, ce qui affecte leur subsistance et leur sécurité alimentaire. Les tempêtes détruisent également les infrastructures de la région, y compris les maisons, les routes et les réseaux d'approvisionnement en eau, ce qui rend la vie quotidienne encore plus difficile.

Niel et sa communauté sont également confrontés à la hausse du niveau de la mer, qui menace de submerger les maisons et les infrastructures côtières. Les changements climatiques ont également affecté la biodiversité marine de la région, car les récifs coralliens sont gravement endommagés en raison de la hausse de la température de l'eau et de l'acidification des océans.

Niel et sa communauté prennent des mesures pour faire face à ces défis environnementaux. Ils ont commencé à planter des arbres pour réduire les émissions de gaz à effet de serre, à construire des digues pour se protéger contre les tempêtes et à diversifier leurs sources de revenus. Ils travaillent également en étroite collaboration avec les autorités locales pour développer des solutions durables pour lutter contre les changements climatiques.

Niel est un exemple inspirant de la façon dont les enfants peuvent devenir des leaders environnementaux et contribuer à la lutte contre les changements climatiques. Les jeunes comme lui peuvent aider à sensibiliser le public, à encourager les changements de comportement et à faire pression sur les décideurs politiques pour qu'ils prennent des mesures audacieuses pour réduire les émissions de gaz à effet de serre et protéger notre planète pour les générations futures.

Le grand-père de Niel est un homme gentil et doux, avec une forte éthique de travail et un amour pour la mer. Chaque jour, il se levait tôt et se dirigeait vers les quais pour se préparer à une journée de pêche. Malgré son âge avancé, il était toujours un pêcheur habile, avec un œil attentif pour repérer les meilleures prises. Niel aimait passer du temps avec son grand-père, apprendre les ficelles du métier de pêcheur et entendre des histoires sur les aventures de son grand-père en mer.

"Les petits-enfants sont la couronne des personnes âgées et la gloire des enfants est leurs pères." - Proverbes 17:6

Les jours ensoleillés, Niel et son grand-père partaient dans leur petit bateau de pêche, flottant sur les vagues tout en jetant leurs filets dans les eaux cristallines. Le soleil battait sur eux, réchauffant leur peau pendant qu'ils travaillaient.Niel fermait les yeux et respirait l'air marin salé, sentant un sentiment de paix l'envahir. Mais tous les jours n'étaient pas ensoleillés dans le village de pêcheurs. Parfois, des nuages sombres se rassemblaient à l'horizon, apportant avec eux de violentes tempêtes et une mer agitée. En ces jours de tempête, Niel et son grand-père restaient en sécurité et au sec dans leur maison, blottis près de la cheminée en attendant que le temps passe.

"Bien que les tempêtes fassent rage et que les vents hurlent, je ne serai pas ébranlé, car je sais que tu es avec moi. Tu es mon ancre au milieu de la tempête, mon refuge dans les moments difficiles. Je mettrai ma confiance en Toi, car tu es mon rocher et mon salut." - Psaume 62:6-7

Parfois, les tempêtes étaient si violentes qu'elles se transformaient en typhons, avec des vents violents et de fortes pluies qui battaient le village. Pendant ces périodes, toute la communauté se réunissait pour s'entraider à affronter la tempête.

Niel et ses grands-parents aidaient leurs voisins à sécuriser leurs maisons et à rassembler des fournitures, travaillant ensemble pour s'assurer que tout le monde était en sécurité. Malgré les défis auxquels ils ont été confrontés, Niel et sa famille ont toujours persévéré. Ils savaient que les jours de tempête n'étaient qu'un revers temporaire et que les beaux jours reviendraient. Et quand ils le faisaient, Niel et son grand-père étaient de retour sur l'eau, pêchant tôt le matin alors que le soleil se levait à l'horizon.

"Être grand-parent est l'un des plus beaux cadeaux au monde. C'est une joie de voir vos enfants devenir

parents et de voir l'amour doux et innocent qui existe entre un grand-parent et un petit-enfant." -Détroit de George

Parfois, les tempêtes étaient si violentes qu'elles se transformaient en typhons, avec des vents violents et de fortes pluies qui battaient le village. Pendant ces périodes, toute la communauté se réunissait pour s'entraider à affronter la tempête.

Niel et ses grands-parents aidaient leurs voisins à sécuriser leurs maisons et à rassembler des fournitures, travaillant ensemble pour s'assurer que tout le monde était en sécurité. Malgré les défis auxquels ils ont été confrontés, Niel et sa famille ont toujours persévéré. Ils savaient que les jours de tempête n'étaient qu'un revers temporaire et que les beaux jours reviendraient. Et quand ils le faisaient, Niel et son grand-père étaient de retour sur l'eau, pêchant tôt le matin alors que le soleil se levait à l'horizon.

"Être grand-parent est l'un des plus beaux cadeaux au monde. C'est une joie de voir vos enfants devenir parents et de voir l'amour doux et innocent qui existe entre un grand-parent et un petit-enfant." -Détroit de George

À travers tout cela, les grands-parents de Niel sont restés une source constante d'amour et de conseils, lui enseignant les valeurs de travail acharné et de compassion. Ils lui ont inculqué un sentiment de fierté de son héritage de pêcheur et un amour de la mer qui le suivra pour le reste de sa vie.

La grand-mère de Niel est une femme gentille et compatissante qui fait toujours passer les autres avant elle-même. Elle a vécu sa vie avec un profond sens de l'entraide et de la générosité, toujours prête à donner un coup de main à ceux qui en avaient besoin. L'un des plus beaux souvenirs de Niel avec sa grand-mère était la façon dont elle prenait soin de lui lorsqu'il était malade. Elle avait un talent naturel pour la guérison et utilisait souvent des herbes et des remèdes locaux pour traiter ses maux. Elle préparait des thés chauds et des cataplasmes pour aider à soulager ses symptômes et massait doucement son front pour l'aider à se détendre et à s'endormir. Mais la gentillesse de la grand-mère de Niel ne s'est pas arrêtée à s'occuper de lui quand il était malade. Elle veillait toujours sur lui et son bien-être, s'assurant qu'il avait tout ce dont il avait besoin pour s'épanouir. Elle lui préparait des repas nourrissants et le bordait le soir avec un sourire chaleureux et un doux baiser sur le front.

Malgré la simplicité de la vie dans le village de pêcheurs, la grand-mère de Niel a toujours réussi à rendre leur maison chaleureuse et accueillante. Elle passait ses journées à s'occuper du jardin, à cultiver des herbes et des légumes qu'elle utilisait pour créer de délicieux repas pour la famille. Elle était une couturière qualifiée et passait souvent ses soirées à travailler sur des vêtements et des couvertures pour Niel et son grand-père. Mais ce n'était pas seulement ses compétences pratiques qui rendaient la grand-mère de Niel si spéciale. C'était sa capacité à créer un sentiment de joie et de bonheur dans tout ce qu'elle faisait. Elle avait un rire contagieux et un cœur chaleureux, et était toujours prête à partager une histoire ou une blague avec Niel et son grand-père.

En vieillissant, Niel a compris à quel point sa grand-mère avait sacrifié pour lui et sa famille. Elle avait consacré sa vie à prendre soin d'eux et à les soutenir, faisant toujours passer leurs besoins avant les siens. Mais malgré tout le travail acharné et l'altruisme, elle ne s'est jamais plainte ni n'a cherché à être reconnue. Elle a simplement fait ce qui devait être fait, par amour et un profond sens des responsabilités envers ceux qu'elle aimait. Niel savait qu'il avait de la chance d'avoir une grand-mère aussi spéciale et attentionnée, et il lui était reconnaissant pour tout ce qu'elle avait fait pour lui. Il a juré de toujours se souvenir des leçons qu'elle lui avait enseignées et de vivre sa vie avec la même gentillesse et compassion qu'elle lui avait toujours montrées.

Joy est la mère de Niel, qui n'avait que dix-huit ans à l'époque, était ravie de l'avoir dans ses bras, et elle a passé des heures à le regarder avec émerveillement. Cependant, la joie de la mère de Niel fut de courte durée. Le père de Niel venait d'une famille riche et ils s'attendaient à ce que leur fils épouse quelqu'un d'un milieu similaire. Quand ils ont appris que la mère de Niel venait d'un village de pêcheurs pauvres, ils n'étaient pas contents et ils ont fait pression sur elle pour qu'elle parte.

La mère de Niel avait le cœur brisé à l'idée de laisser son bébé derrière elle, mais elle savait qu'elle n'avait pas d'autre choix. Elle emmena Niel chez ses parents et leur expliqua ce qui s'était passé. Ils étaient dévastés, mais ils savaient qu'ils feraient tout ce qui était en leur pouvoir pour protéger et prendre soin de Niel. Et donc, les larmes aux yeux, la mère de Niel a quitté le village pour trouver du travail dans la capitale, Manille, en promettant de revenir et de lui rendre visite aussi souvent qu'elle le pourrait.

Au cours des années suivantes, la mère de Niel a travaillé dur dans la ville pour subvenir aux besoins de sa famille. Elle envoyait de l'argent à la maison chaque fois qu'elle le pouvait et visitait le village lors des vacances et des occasions spéciales.

Les grands-parents de Niel étaient reconnaissants de son aide, mais elle leur manquait beaucoup et ils pouvaient voir la douleur dans ses yeux chaque fois qu'elle devait repartir. Malgré la distance entre eux, la mère de Niel est restée une présence constante dans sa vie. Elle lui écrivait des lettres, lui envoyait des histoires et des images pour le divertir. Et quand elle revenait au village, elle le comblait d'amour et d'attention, lui racontant toutes les aventures qu'elle avait vécues en ville. En vieillissant,

Niel a compris les sacrifices que sa mère avait faits pour lui. Il savait qu'elle l'avait laissé avec ses grands-parents par amour, et il leur était reconnaissant pour tous les soins et le soutien qu'ils lui avaient apportés. Il savait aussi qu'il avait une mère qui l'aimait profondément, et il attendait toujours ses visites avec impatience, sachant qu'elle apporterait avec elle un sentiment de joie et de bonheur sur lequel il comptait.

La naissance de Niel a peut-être été marquée par des circonstances difficiles, mais il a été entouré d'amour et d'attention tout au long de son enfance.

Les sacrifices de sa mère lui avaient donné l'opportunité de grandir dans un environnement aimant et favorable, et il lui était éternellement reconnaissant ainsi qu'à ses grands-parents pour tout ce qu'ils avaient fait pour lui. Niel a eu une enfance remplie d'aventures et d'excitation, mais aussi de peur et d'incertitude.

Ayant grandi dans un petit village

des Philippines, Niel était entouré de forêts verdoyantes et d'eaux bleues scintillantes. Mais chaque année, le village était frappé par de violentes tempêtes qui laissaient un sillage de destruction dans leur sillage.

Niel se demandait souvent s'il y avait un endroit au monde où le temps était calme et stable. Il aspirait à un endroit où il pourrait vivre sans le souci constant des typhons et autres catastrophes naturelles. Malgré les défis auxquels il était confronté, Niel était un enfant déterminé et résilient. Il n'aimait rien de plus que passer des heures à jouer avec ses amis, nager dans les eaux cristallines et explorer les forêts luxuriantes qui entouraient son village. En vieillissant, Niel a commencé à penser de plus en plus à l'avenir.

Il savait qu'il voulait faire quelque chose de spécial pour aider sa famille et sa communauté, et il a commencé à rêver de construire une maison solide sur le front de mer pour ses grands-parents. Chaque année, lorsque les typhons frappaient, la maison des grands-parents de Niel était l'une des premières à être détruite. Niel a regardé avec horreur les vents et les vagues battre la structure fragile, et il savait qu'il devait faire quelque chose pour protéger ses proches. Niel a continué à exceller à l'école. Il a suivi des cours de sept à dix ans, apprenant tout sur les mathématiques, les sciences et l'histoire.

Malgré les défis auxquels il était confronté, Niel était un étudiant de haut niveau, toujours désireux d'apprendre et d'explorer de nouvelles idées. En dehors de l'école, Niel aimait nager et jouer à des jeux Pinoy de base avec ses amis. Il n'aimait rien de plus que de passer des heures à patauger dans les eaux fraîches de l'océan, à sentir le soleil sur sa peau et le vent dans ses cheveux.

L'enfance de Niel a été remplie de la peur constante des orages violents. Ayant grandi dans un petit village côtier des Philippines, Niel et sa famille n'étaient pas étrangers aux typhons et autres catastrophes naturelles.

Chaque année, Niel regardait la petite maison de ses grands-parents être battue par des vents violents et de fortes pluies, se demandant s'il y avait un moyen de les protéger de la destruction. Niel avait toujours été un pêcheur habile et il n'aimait rien de plus que passer ses journées en mer, lancer sa ligne et attendre la grosse prise. Mais aujourd'hui, c'était différent. Alors qu'il se tenait au bord de la mer à côté de la petite maison de ses grands-parents, les tempêtes se levaient et les vagues s'écrasaient contre le rivage.

Malgré les conditions difficiles, Niel était déterminé à attraper quelque chose pour la table de ses grands-parents ce jour-là. Il leur avait promis un dîner de poisson frais, et il n'allait pas laisser un peu de mauvais temps se dresser sur son chemin. Il a donc enfilé son imperméable et ses bottes et s'est dirigé vers la tempête, sa fidèle canne à pêche à la main. Il pataugea dans l'eau, déterminé à attraper le plus gros poisson qu'il ait jamais vu.

Alors qu'il lançait sa ligne, le vent et la pluie fouettaient autour de lui, mais il ne se laissa pas décourager.

Il pêchait dans ces eaux depuis des années et il savait exactement où trouver les meilleures prises. Il ne fallut pas longtemps avant qu'il sente un tiraillement sur sa ligne, et il sut qu'il avait quelque chose de gros à l'autre bout. Il tira de toutes ses forces, luttant pour ramener le poisson géant qui luttait pour sa vie.

Finalement, après ce qui sembla être une éternité, il réussit à ramener l'énorme poisson sur le rivage. C'était une belle créature scintillante, et Niel savait que cela ferait le repas parfait pour ses grands-parents. Alors qu'il retournait à la petite maison, la tempête commença à se calmer et le soleil apparut derrière les nuages. Niel n'a pas pu s'empêcher de ressentir un sentiment de fierté lorsqu'il a présenté le poisson à ses grands-parents, qui étaient ravis à la vue d'une prise aussi massive.

Cette nuit-là, alors qu'ils s'asseyaient pour un dîner de poisson frais, Niel ne put s'empêcher de ressentir un sentiment de satisfaction pour un travail bien fait. La journée avait été difficile, mais il avait réussi à attraper un gros poisson incroyable et à nourrir la table de ses grands-parents, et c'était tout ce qui comptait.

À l'âge de sept ans, Niel a commencé l'école pour la première fois, fréquentant une petite école primaire du village. Il aimait apprendre de nouvelles choses et se faire de nouveaux amis, mais il pensait toujours à la sécurité de ses grands-parents et de leur fragile maison. Niel rêvait souvent de vivre dans un pays où les tempêtes violentes ne faisaient pas partie de la vie quotidienne, se demandant ce que ce serait de ne pas avoir à se soucier constamment de la sécurité de ses proches.

Niel avait toujours été un garçon aventureux et il n'aimait rien de plus que d'explorer la campagne autour de la petite maison de ses grands-parents. Il avait passé des heures à escalader des collines et à randonner dans les bois, toujours à l'affût de nouvelles images et de nouveaux sons à découvrir. Mais un jour, alors qu'il était assis sur une colline surplombant la vallée en contrebas, un désastre se produisit. Sans avertissement, un rocher le frappa par derrière, le faisant perdre l'équilibre et l'envoyant dévaler la colline. En tombant, il a été surpris par un bâton qui semblait surgir de nulle part, et il a tendu la main pour l'attraper, espérant se stabiliser. Mais c'était trop tard. Il a frappé le sol avec un bruit sourd, et une douleur fulgurante traversa son œil gauche.

Quand il ouvrit les yeux, il était couvert de sang et sa tante se tenait au-dessus de lui, une expression de panique sur le visage. Elle était sortie dans les bois à la recherche de bois de chauffage et elle avait entendu ses appels à l'aide. Sans hésitation, elle le prit dans ses bras et commença à le porter en bas de la colline, déterminée à le conduire à l'hôpital le plus proche le plus rapidement possible. Le voyage a été long et épuisant, mais elle ne s'est jamais arrêtée, même lorsque les cris de douleur de Niel sont devenus plus forts et plus désespérés.

Finalement, après ce qui sembla être une éternité, ils arrivèrent à l'hôpital et Niel fut transporté d'urgence en chirurgie. À son réveil, il était marqué d'une longue cicatrice à l'œil gauche, témoignage du moment dangereux qui lui avait presque coûté la vue. Mais il savait que sa tante l'avait sauvé, et il était éternellement reconnaissant pour sa bravoure et sa détermination.

Et alors qu'il regardait le monde à travers son œil cicatrisé, il savait qu'il ne tiendrait plus jamais ses aventures pour acquises. En vieillissant, Niel est devenu plus déterminé à trouver une solution au problème de la maison vulnérable de ses grands-parents. Il a passé des heures à se pencher sur les plans de construction et à étudier les meilleurs matériaux à utiliser, dans l'espoir de construire une maison solide et à l'épreuve des tempêtes pour ses grands-parents. Niel a même commencé à économiser son allocation, déterminé à contribuer au coût du projet autant qu'il le pouvait.

Pendant son temps libre, Niel aimait nager dans l'océan et jouer à des jeux Pinoy de base avec ses amis. C'était un athlète naturel, excellant dans tous les sports qu'il pratiquait. Cependant, même pendant qu'il s'amusait, Niel ne pouvait s'empêcher de s'inquiéter de la sécurité de la maison de ses grands-parents pendant la prochaine saison des typhons.

Job 36:28 - "Et des nuages vient la rosée, qui tombe sur l'humanité."

Psaume 148: 8 - " Feu et grêle, neige et nuages; vent orageux, accomplissant sa parole. "

Joel 2:28 "Et ensuite, je répandrai mon Esprit sur tous les peuples. Vos fils et vos filles prophétiseront, vos vieillards rêveront des songes, vos jeunes gens verront des visions."

"J'ai une religion de tous les jours qui fonctionne pour moi. Aimez-vous d'abord, et tout le reste s'aligne." - Lucille Boule

Pourtant, alors même qu'il se sentait déchiré entre son désir d'aventure et son amour de la maison, Niel savait qu'il ne pouvait pas rester éternellement dans le village de pêcheurs. Il avait toujours rêvé d'explorer le monde et de voir tout ce qu'il avait à offrir, et il savait que s'il voulait faire de ce rêve une réalité, il devrait être courageux et suivre les nuages partout où ils l'emmèneraient.

"Les nuages étaient dans le ciel, comme toujours, mais il y avait une lumière spéciale qui les rendait beaux." -Paulo Coelho

Niel aime le plein air, en particulier la mer. Il n'aimait rien de plus que de passer ses journées à pêcher sur le rivage, les eaux bleues de l'océan s'étendant devant lui alors que le soleil se levait haut dans le ciel.

Alors qu'il marchait le long du rivage, le sable sous ses pieds était frais et humide, les vagues clapotaient doucement contre le rivage. Niel aimait la sensation de l'air marin salé sur sa peau, le bruit des mouettes au-dessus de sa tête et la vue des petites créatures qui habitaient le rivage.

"Dans chaque marche avec la nature, on reçoit bien plus que ce qu'on cherche." -John Muir

Malgré son jeune âge, Niel était déjà un pêcheur accompli. Il avait un talent naturel pour cela, et il n'aimait rien de plus que la sensation d'un remorqueur sur sa ligne, signalant qu'il avait attrapé un poisson. Il était toujours ravi de voir ce qu'il avait attrapé, et il retirait soigneusement l'hameçon et relâchait le poisson dans l'eau avec un sentiment de respect et d'admiration.

Pour Niel, la pêche était plus qu'un passe-temps. C'était un mode de vie, et il passait chaque instant qu'il pouvait sur le rivage, jetant sa ligne dans l'eau et attendant ce moment d'excitation quand il sentit une traction au bout de sa ligne. C'était son endroit heureux, et il savait qu'il avait de la chance de l'avoir trouvé.

L'amour de Niel pour la pêche était quelque chose qui lui avait été transmis par son grand-père, un homme qui passait chaque instant qu'il pouvait sur l'eau. Le grand-père de Niel était un pêcheur expérimenté et il revenait souvent de ses excursions matinales avec une abondance de poissons, notamment du thon et même du poulpe.

Enfant, Niel écoutait avec avidité les récits d'aventures sur l'eau de son grand-père. Son grand-père était un maître conteur, et il régalait Niel avec des histoires de mythes et de légendes de l'océan, de sirènes et de monstres marins qui vivaient sous les vagues. Mais le grand-père de Niel n'était pas seulement un pêcheur. Il était également enseignant et il était très fier de partager ses connaissances et ses compétences avec son petit-fils. Il a appris à Niel comment lancer une ligne, comment lire les courants et trouver les meilleurs endroits pour pêcher, et comment soigner et relâcher les poissons qu'il attrapait.

En vieillissant, Niel a commencé à accompagner son grand-père lors de ses voyages de pêche. Ils passaient des heures ensemble sur l'eau, Niel apprenant autant qu'il le pouvait de son grand-père et absorbant chaque sagesse et conseil qu'il offrait.

Le grand-père de Niel était sa plus grande inspiration et il savait qu'il avait beaucoup à faire. Mais il était déterminé à suivre les traces de son grand-père et à devenir le meilleur pêcheur possible. Et alors qu'il se tenait sur le rivage, jetant sa ligne dans l'eau, il savait qu'il était exactement là où il était censé être, tout comme son grand-père avant lui. En grandissant, Niel a toujours été fasciné par les histoires que sa grand-mère lui racontait.

le Dieu puissant qui avait créé le monde et veillé sur eux tous. En vieillissant, la grand-mère de Niel est devenue sa plus proche compagne, et c'est elle qui lui a d'abord appris à prier.

La grand-mère de Niel était une femme pieuse qui avait passé toute sa vie au service de Dieu. Elle avait toujours été profondément spirituelle et elle avait une façon de parler qui donnait l'impression qu'elle avait un lien direct avec le divin. Elle parlait souvent de l'amour et de la miséricorde de Dieu, et elle disait à Niel que la prière était la clé pour comprendre la volonté divine.

> *Esaïe 40:22 - "C'est lui qui est assis au-dessus du cercle de la terre, et ses habitants sont comme des sauterelles; qui étend les cieux comme un rideau, et les étend comme une tente pour y habiter."*

En tant que jeune garçon, Niel avait du mal à comprendre ce qu'était la prière. Sa grand-mère lui disait souvent que c'était une façon de parler à Dieu, mais il ne comprenait pas très bien comment cela fonctionnait. Elle l'emmenait à la petite église du village, où il s'asseyait avec admiration pendant que les villageois plus âgés récitaient leurs prières. Il ne pouvait pas comprendre les mots mais, il sentait quelque chose de différent autour de lui et, il savait que c'était quelque chose de bien.

Un jour, la grand-mère de Niel l'a emmené à la plage, où ils se sont assis ensemble et ont regardé les vagues se briser contre le rivage. Elle lui a dit que c'était l'endroit idéal pour parler à Dieu, et elle lui a enseigné sa première prière. C'était simple et direct, mais c'était suffisant pour le lancer dans son cheminement de foi.

"Cher Dieu," dit la grand-mère de Niel, "nous te remercions pour la beauté de ce monde que tu as créé. Nous te remercions pour le don de la vie, et nous te demandons de nous guider et de nous protéger toujours. Amen."

Niel a répété la prière après sa grand-mère et, ce faisant, il a ressenti un sentiment de paix l'envahir. Il s'est rendu compte qu'il avait pensé à la prière comme quelque chose de difficile et compliqué, mais c'était en fait assez simple. Tout ce qu'il avait à faire était de parler à Dieu et de demander sa direction.

A partir de ce jour, Niel prit l'habitude de prier tous les jours. Il se réveillait souvent tôt le matin et marchait jusqu'à la plage, où il regardait le lever du soleil et disait ses prières. Il disait aussi ses prières avant d'aller se coucher le soir, et il ressentait toujours un sentiment de paix et de calme quand il le faisait. En grandissant, Niel a continué à en apprendre davantage sur la prière et sur la foi que sa grand-mère lui avait enseignée. Il a appris l'importance de l'humilité et de la repentance, et il a compris que la prière était un moyen de se connecter avec Dieu et de comprendre sa volonté.

Ecclésiaste 11:3 - "Si les nuages sont pleins de pluie, ils se vident sur la terre, et si un arbre tombe au sud ou au nord, à l'endroit où l'arbre est tombé, c'est là qu'il reposera."

Finalement, Niel s'est rendu compte que la prière n'était pas quelque chose qui s'apprenait en une seule journée. C'était un voyage de toute une vie, et c'était un voyage qu'il était reconnaissant d'avoir commencé avec sa grand-mère. Elle lui avait appris que la prière n'était pas quelque chose à craindre, mais quelque chose à chérir, quelque chose qui le rapprocherait de Dieu. Et c'était une leçon qu'il porterait avec lui tout au long de sa vie. la prière est un aspect essentiel de notre vie spirituelle, et les conseils d'un être cher sont souvent la première étape pour apprendre à prier.

La grand-mère de Niel était son guide, son mentor et sa compagne spirituelle, grâce à ses enseignements, il a pu se connecter avec Dieu et comprendre l'importance de la prière. Le cheminement de foi de Niel nous rappelle que la prière est un cheminement constant et continu, et qu'avec les conseils d'un être cher, nous pouvons comprendre le vrai sens de la prière.

CHAPITRE 2 :
LES NUAGES

Job 36:28 - "Et des nuages vient la rosée, qui tombe sur l'humanité." Ce jour-là, Niel s'est retrouvé allongé sur le dos dans l'herbe, regardant le ciel alors que les nuages passaient au-dessus de sa tête.

Il avait toujours été fasciné par les nuages, se demandant d'où ils venaient et où ils allaient. Alors qu'il regardait passer les nuages, Niel commença à contempler leur voyage. Il les imagina flottant de la terre, s'élevant de plus en plus haut jusqu'à ce qu'ils atteignent la vaste étendue du ciel bleu. Il les imagina tourbillonnant et dansant, emportés par la douce brise. Il se demanda si les nuages avaient une destination en tête, ou s'ils n'étaient que des vagabonds insouciants, voyageant là où le vent les emmenait. Niel ferma les yeux et laissa son esprit vagabonder, perdu dans la beauté des nuages et les possibilités infinies de leur destination. Il sentit un sentiment de paix l'envahir alors qu'il était étendu là, se prélassant dans la chaleur du soleil.

Psaume 148: 8 - " Feu et grêle, neige et nuages; vent orageux, accomplissant sa parole. "

Pendant un instant, il oublia tous

ses ennuis et soucis, perdus dans la magie des nuages au-dessus. Et alors qu'il s'endormait, il savait qu'il se souviendrait toujours de ce moment, gravé à jamais dans sa mémoire comme l'un des plus beaux jours de sa vie.

Alors que Niel était assis sur les rives sablonneuses du village de pêcheurs, il regardait les nuages qui passaient au-dessus de lui. Il les regarda dériver paresseusement dans le ciel bleu, chacun ayant une forme et une forme uniques. Niel ne pouvait s'empêcher de se demander ce que ce serait de suivre ces nuages, de voyager loin de son village et de voir le monde.

Dans son imagination, Niel se voyait debout sur le pont d'un navire, le vent se précipitant dans ses cheveux alors qu'il naviguait en pleine mer. Il visitait des terres lointaines et rencontrait de nouvelles personnes, vivant toute l'excitation et l'aventure que le monde avait à offrir.

Joel 2:28 "Et ensuite, je répandrai mon Esprit sur tous les peuples. Vos fils et vos filles prophétiseront, vos vieillards rêveront des songes, vos jeunes gens verront des visions." Mais alors qu'il rêvait de son avenir, Niel ne pouvait se débarrasser du sentiment de tristesse qui l'envahissait. Il aimait son village et les gens qui y vivaient, et l'idée de les laisser derrière lui était presque insupportable.

"J'ai une religion de tous les jours qui fonctionne pour moi. Aimez-vous d'abord, et tout le

reste s'aligne." - Lucille Boule

Pourtant, alors même qu'il se sentait déchiré entre son désir d'aventure et son amour de la maison, Niel savait qu'il ne pouvait pas rester éternellement dans le village de pêcheurs. Il avait toujours rêvé d'explorer le monde et de voir tout ce qu'il avait à offrir, et il savait que s'il voulait faire de ce rêve une réalité, il devrait être courageux et suivre les nuages partout où ils l'emmèneraient.

"Les nuages étaient dans le ciel,
comme toujours, mais il y avait
une lumière spéciale qui les
rendait beaux." -Paulo Coelho

Alors qu'il était assis là sur les

rivages sablonneux, regardant passer les nuages, Niel s'est fait une promesse silencieuse. Il suivrait les nuages, peu importe où ils le mèneraient, et il vivrait loin de son village, explorant toutes les merveilles que le monde avait à offrir. Et un jour, il le savait, il rentrerait chez lui avec des histoires à raconter et des aventures à partager avec tous les gens qu'il aimait.

Niel est un garçon patient, et il n'aimait rien de plus que d'observer ces créatures dans leur vie quotidienne. Il restait assis pendant des heures sur le sable, regardant les crabes se précipiter sur les rochers et les algues se balancer dans le courant. Mais l'amour de Niel pour la mer ne concernait pas seulement la faune. Il s'agissait du sentiment de paix et de calme qu'il trouvait dans son étreinte. Alors qu'il se tenait sur le rivage, lançant sa ligne dans l'eau, il ressentit un sentiment de clarté et de concentration qu'il ne pouvait trouver nulle part ailleurs. Le mouvement rythmique des vagues et le bruit de l'eau contre le rivage étaient comme une méditation pour lui, et c'était quelque chose qu'il attendait toujours avec impatience.

"Dans chaque marche avec la nature, on reçoit bien plus que ce qu'on cherche." -John Muir

"Le ciel est le pain quotidien des yeux." -Ralph Waldo Emerson

Esaïe 40:22 - "C'est lui qui est assis au-dessus du cercle de la terre, et ses habitants sont comme des sauterelles; qui étend les cieux comme un rideau, et les étend comme une tente pour y habiter."

Ecclésiaste 11:3 "Si les nuages sont pleins de pluie, ils se vident sur la terre, et si un arbre tombe au sud ou au nord, à l'endroit où l'arbre tombe, il reposera là."

CHAPITRE 3: LE CHANGEMENTS

Psaume 37:23-24 "L'Éternel affermit les pas de celui qui prend plaisir en lui; s'il trébuche, il ne tombera pas, car l'Éternel le soutient de sa main."

La mère de Niel a travaillé dur pour subvenir aux besoins de sa famille. Elle a vécu et travaillé dans la capitale, tandis que Niel est resté chez ses grands-parents dans leur petit village au bord de la mer. Chaque mois, la mère de Niel envoyait de l'argent à ses parents pour qu'ils puissent prendre soin de Niel et s'assurer qu'il avait tout ce dont il avait besoin. Malgré la distance, la mère de Niel aimait profondément son fils et il lui manquait terriblement.

Elle aspirait à être avec lui et à le voir grandir et s'épanouir, mais elle savait qu'elle devait travailler dur pour subvenir à ses besoins. Un jour, la mère de Niel a décidé de le surprendre avec un cadeau spécial. Elle avait économisé son argent et acheté une petite mini voiture rouge pour les enfants. Elle avait hâte de voir l'expression sur le visage de Niel lorsqu'elle le lui présenterait, et elle a prévu de se rendre au village dès qu'elle le pourrait.

Lorsque la mère de Niel est arrivée, il était fou de joie de la voir. Elle lui avait terriblement manqué et était ravi de passer à nouveau du temps avec elle. Et quand elle lui a présenté la mini voiture rouge, il était absolument ravi. La mère de Niel a regardé avec fierté et joie son fils jouer avec son nouveau jouet, riant et souriant alors qu'il filait dans la cour. Elle savait qu'elle avait pris la bonne décision en travaillant dur et en économisant pour subvenir à ses besoins, et elle était reconnaissante d'avoir ce moment spécial avec lui.

À partir de ce jour, la mère de Niel s'est assurée de lui rendre visite aussi souvent qu'elle le pouvait, et il attendait toujours ses visites avec enthousiasme et joie. Et même si elle devait travailler dur pour subvenir à ses besoins, Niel savait que sa mère l'aimait profondément et ferait toujours tout ce qui était en son pouvoir pour le rendre heureux. Sans savoir que des années plus tard, Niel, avec son frère James rejoindrait bientôt leur mère et leur beau-père vivant dans un tout autre pays. C'est un pays d'alpinisme, une terre de chocolat, de montres, de fromage et de banques. Niel, sa mère Joy et son frère James sont descendus de l'avion et se sont retrouvés dans le froid glacial d'un hiver européen.

À leur sortie de l'aéroport, ils ont été accueillis par une couche de neige qui s'étendait à perte de vue. Le trio avait fait tout le chemin depuis les Philippines, où ils avaient vécu dans un climat chaud toute leur vie. Niel ne put s'empêcher de ressentir un sentiment d'excitation et d'émerveillement en regardant autour de lui le nouvel environnement.

« Regarde toute la neige, maman !

Est-ce qu'on peut jouer dedans ? s'exclama Niel, les yeux écarquillés d'émerveillement. Joy sourit, son souffle visible dans l'air glacial.

"Bien sûr que nous pouvons, mes amours," dit-elle, "Mais d'abord, allons rencontrer ton beau-père."

Ils sortirent tous les trois de l'aéroport et trouvèrent le beau-père de Niel qui les attendait, emmitouflé dans un manteau chaud et tenant une pancarte avec leurs noms dessus. Il les a chaleureusement accueillis et les a aidés à porter leurs bagages. Alors qu'ils roulaient vers leur nouvelle maison, Niel ne pouvait détacher ses yeux de la neige. Il n'avait jamais rien vu de tel auparavant, et il avait hâte de le toucher et de jouer dedans. Son frère James semblait ressentir la même chose, alors qu'il était pressé contre la fenêtre, admirant le pays des merveilles de l'hiver.

Lorsqu'ils sont finalement arrivés dans leur nouvelle maison, Niel et James ont enfilé avec impatience leurs vêtements les plus chauds et ont couru dehors pour jouer dans la neige. Ils riaient et se roulaient dans le blanc poudreux, faisant des bonhommes de neige et faisant des batailles de boules de neige. Niel ne se souvenait pas s'être jamais senti aussi heureux et insouciant. Au fil des jours, Niel et sa famille se sont installés dans leur nouvelle vie au pays de l'hiver.

Ils ont appris à se couvrir et à rester au chaud, à conduire sur des routes verglacées et à préparer des plats européens traditionnels comme des ragoûts copieux et de délicieuses pâtisseries. Même s'il était difficile de s'adapter au froid et à la culture différente. Ils ont pu se faire de nouveaux amis et trouver un moyen d'aimer leur nouvelle maison. Ils se souviendront toujours de ce pays d'hiver comme de l'endroit où ils ont découvert la magie de la neige et commencé un nouveau chapitre de leur vie.

Josué 1:9 "Ne t'ai-je pas commandé? Sois fort et courageux. N'aie pas peur, ne te décourage pas, car l'Éternel, ton Dieu, sera avec toi partout où tu iras."

Le nouveau parcours de vie de Niel a commencé comme un rêve qu'il avait dans son enfance, grandissant aux Philippines avec ses grands-parents. Dans son imagination, Niel s'est imaginé planant à travers les nuages, explorant de nouveaux endroits et faisant sa vie avec sa famille quelque part en Suisse.

Au fil des années, le rêve de Niel est devenu réalité lorsque sa mère s'est mariée avec un citoyen suisse et a décidé de s'installer en Suisse. Pour Niel, c'était un tout nouveau monde - un pays avec des paysages à couper le souffle, une culture riche en histoire et un peuple avec un mode de vie différent. La première chose que Niel remarqua fut la neige. Il n'avait jamais vu de neige auparavant, et c'était une expérience magique pour lui de voir les bâtiments, les arbres et les rues recouverts d'une couverture blanche. Il aimait la façon dont la lumière du soleil se reflétait sur la neige, projetant une lueur chaleureuse sur tout ce qu'elle touchait.

La famille de Niel s'est installée dans une ville appelée Genève à quelques heures des Alpes suisses. C'était un endroit paisible où les rues étaient bordées d'immeubles charmants et où les habitants étaient sympathiques et accueillants. Niel s'est rapidement fait des amis dans sa nouvelle école, où il a appris à parler couramment le français. Lorsque Niel s'est installé dans sa nouvelle vie en Suisse, il a découvert qu'il avait une passion pour le dessin. Il aimait dessiner les bâtiments et les paysages de sa nouvelle maison, les représentant souvent recouverts de neige blanche en hiver. Il passait des heures dans le parc à construire des bonhommes de neige et à faire des batailles de boules de neige avec ses amis.

Niel avait 11 ans lorsqu'il a commencé à jouer au basket dans un autre pays avec son frère. Ils passaient des heures au parc local, s'exerçant à tirer et essayant de se surpasser. Niel a toujours eu un côté compétitif, et jouer avec son frère était un moyen pour lui de canaliser cette énergie. Au début, tout était parfait. Niel et son frère ont passé un bon moment à jouer ensemble et se sont même fait des amis au parc.

Mais les choses ont changé lorsqu'un groupe d'enfants plus âgés a commencé à traîner dans le parc. Ils étaient plus grands et plus expérimentés que Niel et son frère, et ils n'aimaient pas le fait que les deux frères soient toujours sur le terrain. Les enfants plus âgés ont commencé à intimider Niel et son frère, les bousculant et se moquant d'eux. Niel a toujours été un enfant un peu timide et il ne savait pas comment tenir tête aux intimidateurs. Son frère, en revanche, était plus extraverti et n'avait pas peur de dire ce qu'il pensait. Il essayait souvent de tenir tête aux intimidateurs, mais ils étaient toujours plus grands et plus forts que lui.

Niel pouvait voir la frustration monter chez son frère, et il savait qu'il devait faire quelque chose. Il ne pouvait pas laisser son frère subir tous les abus tout seul. Alors, un jour, Niel a décidé de se joindre au combat. Il a tenu tête aux intimidateurs et leur a dit que lui et son frère n'allaient plus être bousculés.

Les enfants plus âgés ont été surpris par le courage soudain de Niel et ils ne savaient pas quoi faire. Ils ont essayé de bousculer Niel et son frère, mais les deux frères ont riposté de toutes leurs forces. Ils étaient déterminés à montrer aux tyrans qu'ils n'étaient pas faibles. Le combat a été intense et à la fin, Niel et son frère avaient le visage rouge à cause de l'effort. Lorsque Niel et son frère sont rentrés à la maison ce jour-là, leur mère a remarqué la rougeur sur leur visage et a demandé ce qui s'était passé. Niel et son frère lui ont parlé des intimidateurs et de la façon dont ils leur ont résisté.

Leur mère était fière d'eux pour avoir riposté et ne pas se laisser intimider. Depuis ce jour, Niel et son frère n'étaient plus la cible des intimidateurs du parc. Ils avaient montré qu'ils ne devaient pas être dérangés, et les enfants plus âgés les ont laissés tranquilles. Niel et son frère ont continué à jouer au basket ensemble, mais maintenant ils le faisaient avec un sentiment de fierté et de confiance. L'expérience a appris à Niel qu'il faut parfois se défendre pour être respecté et que la famille se soutiendra toujours.

Malgré les difficultés d'adaptation à un nouveau pays, Niel s'est senti vraiment heureux et épanoui en Suisse. Il était reconnaissant d'avoir sa famille à ses côtés et d'avoir l'opportunité de découvrir un nouveau mode de vie.

Pour Niel, la Suisse était devenue plus qu'un nouveau chez-soi - c'était un endroit où il avait découvert ses propres talents et passions, et où il avait noué de nouvelles relations qui dureraient toute une vie. Le voyage de Niel avait bouclé la boucle alors qu'il réalisait son rêve d'enfant de suivre les nuages dans le ciel avec sa famille, et ils étaient tous heureux et prêts à vivre ensemble un nouveau chapitre de leur vie, dans un beau pays appelé la Suisse.

Psaume 37:23-24 "L'Éternel affermit les pas de celui qui prend plaisir en lui; s'il trébuche, il ne tombera pas, car l'Éternel le soutient de sa main."

CHAPITRE 4 : L'AJUSTEMENT

"L'adaptabilité est la clé du succès lorsqu'il s'agit de s'adapter à une nouvelle culture. Il ne s'agit pas de changer qui vous êtes, mais plutôt d'apprendre à naviguer dans les différences culturelles et à les faire fonctionner à votre avantage." - Inconnu

Neil était un adolescent typique, ayant grandi à la fin des années 90 et au début des années 2000. Comme beaucoup d'enfants de son âge, il était passionné de sport et avait un intérêt particulier pour le football. Cependant, ce n'est qu'à la Coupe du monde de 1998 que son amour pour le jeu a vraiment commencé à s'épanouir. La Coupe du monde, qui s'est tenue en France cette année-là, a réuni certaines des meilleures équipes et joueurs de football du monde entier, et Neil a été captivé par les compétences et la passion qui y sont exposées. Il a regardé tous les matchs qu'il a pu, encourageant ses équipes et joueurs préférés et rêvant de devenir un jour lui-même footballeur professionnel.

Après la fin de la Coupe du monde, Neil a commencé à poursuivre activement sa passion pour le football. Il a commencé à pratiquer ce sport de manière récréative avec ses amis et s'est rapidement rendu compte qu'il avait un talent naturel pour cela. Il a commencé à consacrer de plus en plus de son temps libre à l'entraînement et au perfectionnement de ses compétences, et est rapidement devenu l'un des meilleurs joueurs de son équipe de jeunes locale.

« Embrassez la nouvelle culture dans laquelle vous vous trouvez, mais prenez également le temps de célébrer et de nourrir la culture d'où vous venez. Vous pouvez avoir le meilleur des deux mondes si vous savez comment les équilibrer. - Inconnu

Adolescent, Niel était une personne active et athlétique. Il avait une passion pour le sport et aimait la compétition. Il s'est essayé à une variété de sports différents, dont le ski, le hockey sur glace et le badminton, mais le sport qui l'attirait le plus était le football. Niel a commencé à jouer au football à un jeune âge, rejoignant une équipe de jeunes locale dans sa ville natale. Dès le début, il a montré un talent naturel pour le jeu, devenant rapidement l'un des joueurs les plus habiles de son équipe. En vieillissant, il a commencé à prendre le sport plus au sérieux et a commencé à s'entraîner avec une équipe de niveau supérieur.

"L'adaptation ne consiste pas à changer qui vous êtes, mais plutôt à trouver une nouvelle façon d'exprimer et de vivre votre vrai moi dans un contexte culturel différent." - Inconnu

Le ski, le hockey sur glace et le badminton étaient des sports que Niel aimait, mais le football était celui pour lequel il vivait. L'excitation de marquer un but, la montée d'adrénaline de la compétition et la camaraderie de faire partie d'une équipe se sont combinées pour faire du football son sport préféré. Il aimait la sensation d'être sur le terrain, et la satisfaction de travailler dur et de voir ses efforts récompensés le jour du match. Le roller en ligne était aussi la passion de Niel, mais un événement horrible a marqué l'une de ses journées.

L'accident de Niel alors qu'il jouait au patin à roues alignées a été un événement dévastateur qui a eu un impact profond sur sa vie. Il participait à un match dans la cour de récréation de l'école locale lorsque, alors qu'il tentait de reculer, il est tombé sur l'arrière de la tête et a perdu connaissance. Des coéquipiers inquiets ont immédiatement appelé une assistance médicale d'urgence et Niel a été transporté d'urgence à l'hôpital. À son arrivée à l'hôpital, les médecins ont découvert que Niel avait subi une grave blessure à la tête et l'ont placé dans le coma pour permettre à son cerveau de guérir. Le lendemain, il était toujours dans un état critique, et sa famille et ses amis s'inquiétaient de ses chances de guérison.

"Le choc culturel n'est qu'une partie du voyage vers un nouveau pays. C'est un signe que vous sortez de votre zone de confort et que vous entrez dans une nouvelle phase de la vie." - Inconnu

Le match de football que les coéquipiers de Niel devaient jouer ce week-end a dû être annulé car ils s'inquiétaient pour Niel. Mais, Niel a pu repérer le terrain de football depuis la fenêtre de son hôpital et il savait à quel point ses coéquipiers lui manquaient et à quel point ils voulaient qu'il revienne jouer avec eux. Malgré la gravité de ses blessures, Niel a fait un rétablissement miraculeux et a finalement été libéré de l'hôpital.

Cependant, l'accident lui avait laissé des cicatrices physiques et émotionnelles permanentes. Il ne pourrait plus jamais jouer au roller en ligne, mais il n'a jamais abandonné et a trouvé autre chose à faire. Il s'est promis qu'il reviendrait jouer au football avec son équipe un jour, quoi qu'il arrive.

« Déménager dans un nouveau pays, c'est comme commencer un nouveau chapitre de votre vie. Acceptez le changement et tirez le meilleur parti des nouvelles expériences et opportunités qui se présentent à vous. - Inconnu

Au fur et à mesure que Niel grandissait, il se consacra de plus en plus au football. Il a passé d'innombrables heures à s'entraîner, à assister à des séances d'entraînement et à des matchs. Son dévouement et son travail acharné ont porté fruit puisqu'il a commencé à attirer l'attention d'entraîneurs et de dépisteurs d'équipes de haut niveau. Finalement, il a obtenu une place dans une équipe semi-professionnelle et a commencé à jouer à un niveau supérieur. Adolescent, Niel a dû concilier sa passion pour le football avec ses études, ce n'était pas toujours facile à faire mais avec le soutien de sa famille et de ses entraîneurs, il a pu maintenir de bonnes notes et continuer à pratiquer le sport qu'il aimait. Il a souvent dit que la discipline et les compétences en gestion du temps qu'il avait acquises grâce au football l'avaient également aidé dans sa vie universitaire.

Esaïe 41:10 "Ne crains donc pas, car je suis avec toi; ne sois pas effrayé, car je suis ton Dieu. Je te fortifierai et t'aiderai; je te soutiendrai de ma droite juste."

La vie d'adolescent de Niel a été remplie

d'incertitude et d'une lutte constante pour réaliser ses rêves. En entrant dans le monde de l'apprentissage, il avait pour objectif de devenir architecte. Fasciné depuis toujours par la conception et la construction de bâtiments, il était déterminé à en faire son métier.

Cependant, alors qu'il commence à postuler dans des écoles d'architecture, il se rend vite compte que la concurrence est féroce. Malgré son travail acharné et son dévouement, il n'a réussi à obtenir une place dans aucune des écoles auxquelles il a postulé.

Ce fut un coup dévastateur pour Niel, car il avait investi tant de temps et d'efforts dans cette poursuite. Découragé et abattu, le beau-père de Niel lui propose d'envisager une carrière dans l'horlogerie. Niel n'avait jamais pensé à ce domaine auparavant, mais son beau-père lui a assuré qu'il s'agissait d'un métier hautement qualifié et respecté. À contrecœur, Niel décide de tenter l'expérience et s'inscrit dans une école d'horlogerie.

Les quatre années suivantes ont été une période difficile et exigeante pour Niel. Il a passé de longues heures dans l'atelier, perfectionnant ses compétences et apprenant les subtilités de l'horlogerie. Malgré les difficultés qu'il a rencontrées, il a constaté qu'il aimait le travail et était fier des progrès qu'il avait réalisés.

Alors qu'il approchait de la fin de son apprentissage, Niel s'est rendu compte qu'il avait appris à aimer l'horlogerie et était reconnaissant d'avoir l'opportunité de poursuivre dans cette voie. Bien que ce ne soit pas la carrière qu'il avait initialement envisagée pour lui-même, il était satisfait de la vie qu'il construisait. Il avait acquis des compétences précieuses, noué des liens dans l'industrie et avait un sens de l'accomplissement qu'il n'aurait peut-être pas trouvé dans d'autres métiers.

Grâce à son travail acharné et à sa détermination, Niel a pu surmonter l'échec de son échec à entrer dans une école d'architecture et construire une carrière réussie en tant qu'horloger. Il a compris que parfois la vie peut ne pas se dérouler comme prévu, mais trouver un chemin différent qui pourrait vous apporter satisfaction et bonheur.

CHAPITRE 5 :
L'HORLOGER

*"Plus vous lirez, plus vous saurez
de choses. Plus vous en apprendrez,
plus vous irez." - Dr Seuss*

En vieillissant Niel a développé un amour pour les montres et a commencé à les bricoler pendant son temps libre.

Il se découvre rapidement un talent pour la réparation et la construction de montres et décide finalement de poursuivre une carrière d'horloger. Niel était un jeune horloger ambitieux, qui venait de terminer sa formation et avait hâte de commencer sa carrière dans l'industrie. Il a toujours été fasciné par les montres et les subtilités de leur mécanique l'ont toujours captivé. Alors, lorsqu'il a entendu parler d'une opportunité de travailler pour une marque horlogère connue et réputée, il a sauté sur l'occasion.

Proverbes 9:9 "Instruisez le sage, et il deviendra encore plus sage; enseignez le juste, et sa science augmentera."

Niel a d'abord été employé comme

horloger qualifié dans la chaîne de production, où il était responsable de l'assemblage et des tests des montres pour s'assurer qu'elles répondaient aux normes élevées de qualité et de précision de la marque. Il a rapidement appris les tenants et les aboutissants du processus de production et est devenu une partie intégrante de l'équipe.

Proverbes 16:16 "Combien vaut-il mieux acquérir la sagesse que l'or ! Pour acquérir l'intelligence, il faut être choisi plutôt que l'argent."

Au fur et à mesure qu'il acquérait plus d'expérience et de confiance en ses capacités, Niel s'est vu confier plus de responsabilités et a rapidement été promu au poste de chef adjoint. Dans ce rôle, il a aidé à superviser les opérations quotidiennes de la chaîne de production, s'assurant que les montres étaient assemblées et testées selon les normes les plus élevées. Il a également fourni des conseils et un soutien aux autres techniciens, les aidant à développer leurs compétences et à améliorer leurs performances.

"L'apprentissage est un trésor qui suivra son propriétaire partout." - Proverbe chinois

Les compétences naturelles de leadership de Niel, combinées à ses connaissances techniques et à son expertise, ont fait de lui un atout précieux pour l'équipe. Il a pu identifier les domaines à améliorer et mettre en œuvre des changements pour rationaliser le processus de production, le rendant plus efficace et plus rentable.

Au fur et à mesure qu'il acquérait plus d'expérience, Niel a également commencé à entreprendre des projets plus complexes et stimulants. Il a travaillé sur des montres sur mesure pour des clients, concevant et construisant des pièces sur mesure qui répondaient à leurs exigences spécifiques. Il a également travaillé sur le développement de nouveaux modèles de montres, utilisant les dernières technologies et matériaux pour créer des montres uniques et innovantes.

"Apprendre n'épuise jamais l'esprit." - Léonard de Vinci

Malgré les longues heures et la charge

de travail exigeante, Niel aimait son travail et était passionné par le métier d'horloger. Il était toujours désireux d'apprendre et de s'améliorer, et était toujours prêt à faire un effort supplémentaire pour s'assurer que chaque montre répondait aux normes élevées de qualité et de précision de la marque.

"Je n'enseigne jamais à mes élèves. J'essaie seulement de créer les conditions dans lesquelles ils peuvent apprendre." - Albert Einstein

Grâce à un travail acharné et à son dévouement, Niel s'est rapidement imposé comme un horloger respecté et qualifié, et a rapidement été reconnu comme une étoile montante dans l'industrie. Sa réputation a commencé à se répandre et il s'est rapidement vu offrir des opportunités d'emploi dans d'autres marques horlogères et a même envisagé d'ouvrir sa propre boutique. Mais la marque où il a commencé et perfectionné ses compétences est restée sa maison et il est resté avec eux pendant longtemps.

2 Timothée 3:16-17 "Toute Écriture est soufflée par Dieu et utile pour enseigner, pour convaincre, pour corriger et pour instruire dans la justice, afin que l'homme de Dieu soit accompli et équipé pour toute bonne œuvre."

Le parcours de Niel en tant que jeune horloger professionnel débutant dans une marque bien connue en tant qu'horloger qualifié et devenant finalement chef assistant de a été rempli de travail acharné, de dévouement et de passion. Il a pu s'imposer comme un horloger respecté et compétent, et sa réputation s'est rapidement répandue dans l'industrie. Son engagement envers l'artisanat de l'horlogerie et sa volonté d'apprendre et de s'améliorer ont fait de lui un atout précieux pour l'équipe, et ses réalisations servent d'inspiration à d'autres qui cherchent à démarrer leur propre carrière dans l'industrie horlogère.

L'industrie horlogère, comme de nombreuses autres industries, a été fortement impactée par la crise financière de 2008. De nombreuses entreprises ont été contraintes de réduire leurs effectifs ou même de fermer complètement, ce qui a entraîné une augmentation significative du taux de chômage chez les horlogers. Niel, un horloger qualifié avec des années d'expérience, a été l'une des nombreuses personnes touchées par cette crise. Lorsque la crise a frappé pour la première fois, Niel travaillait comme horloger senior dans une marque de luxe bien connue. Cependant, alors que les ventes commençaient à décliner et que l'entreprise luttait pour rester à flot, Niel et nombre de ses collègues ont été licenciés. Pour Niel, cela signifiait non seulement perdre son emploi, mais aussi son gagne-pain. L'horlogerie était sa passion et sa carrière depuis de nombreuses années.

"Plus vous acquérez de compétences, plus vous

devenez précieux." -

Inconnu Face à la perspective du chômage, Niel a commencé à chercher de nouvelles opportunités d'emploi. Cependant, le marché du travail était extrêmement concurrentiel, avec de nombreux horlogers expérimentés à la recherche d'un emploi. Niel a rapidement constaté que la plupart des entreprises n'embauchaient que des horlogers débutants ou juniors, laissant peu d'opportunités à quelqu'un avec son niveau d'expérience.

Au fil des mois, Niel a commencé à se sentir de plus en plus frustré et découragé. Il n'avait pu trouver que quelques postes temporaires ou indépendants, mais ceux-ci n'étaient pas suffisants pour le soutenir financièrement. Malgré l'envoi d'innombrables CV et la participation à de multiples entretiens d'embauche, il n'a pas pu obtenir un poste permanent à temps plein dans l'industrie horlogère. Ce n'est que plus d'un an après avoir été licencié que Niel a finalement décroché un emploi d'horloger senior dans une petite entreprise indépendante.

Bien que ce poste n'ait pas été au sein d'une marque de luxe bien connue, Niel était soulagé d'être enfin de retour dans l'industrie qu'il aimait. Cependant, l'expérience d'avoir été sans travail pendant une si longue période de temps l'avait ébranlé à la fois financièrement et émotionnellement.

La crise financière de 2008 a eu un impact majeur sur l'industrie horlogère, provoquant une augmentation significative du taux de chômage chez les horlogers qualifiés comme Niel. Ce fut une période difficile et incertaine pour de nombreuses personnes, le marché du travail étant très compétitif et les opportunités limitées. L'histoire de Niel rappelle le coût humain des crises économiques et l'importance de soutenir et de protéger les travailleurs en période de difficultés.

Proverbes 1:5 "Que le sage entende et s'instruise davantage, et que celui qui comprend soit guidé."

Niel a toujours eu une passion pour l'horlogerie. Il aimait la mécanique complexe et la précision de chaque pièce. En grandissant, il avait toujours rêvé de travailler un jour dans un atelier d'horlogerie où il pourrait perfectionner ses compétences et créer des chefs-d'œuvre. Après avoir terminé ses études, Niel a décroché un emploi dans une entreprise de production horlogère. Il aimait le travail, mais il ne pouvait s'empêcher de penser qu'il manquait quelque chose. Il se retrouvait souvent à rêver aux nuages pendant qu'il travaillait, s'imaginant dans un autre atelier, dans un autre lieu.

C'est alors que Niel reçoit une offre pour travailler dans une plate-forme d'ateliers d'horlogerie au Royaume-Uni, dans un groupe de luxe. L'occasion était trop belle pour la laisser passer, et il savait que c'était la chance qu'il attendait. Il était enthousiasmé à l'idée de travailler dans un nouveau pays, entouré de certains des meilleurs horlogers du monde.
L'atelier au Royaume-Uni était un

rêve devenu réalité pour Niel.

Les installations étaient de premier ordre et l'équipement était à la fine pointe de la technologie. Il était entouré de personnes aux vues similaires qui partageaient sa passion pour l'horlogerie. Il a également eu l'opportunité de travailler avec certaines des marques les plus luxueuses et exclusives au monde. Niel était ravi de faire partie d'un groupe aussi prestigieux et il s'est rapidement lancé dans son travail. Il a passé d'innombrables heures à étudier les dernières techniques et à expérimenter de nouveaux designs. Il était déterminé à créer des montres qui résisteraient à l'épreuve du temps, au propre comme au figuré.

Au fil des années, Niel est devenu l'un des horlogers les plus respectés de l'atelier. Ses montres étaient recherchées par les collectionneurs et les passionnés. Il avait réalisé son rêve et il était fier des chefs-d'œuvre qu'il avait créés. Malgré son succès, Niel n'a jamais oublié sa vision d'enfance de suivre les nuages. Il savait qu'il y avait toujours de nouveaux sommets à atteindre et il a continué à se pousser pour être le meilleur horloger possible. Il était reconnaissant d'avoir l'opportunité de travailler dans un atelier d'horlogerie à l'étranger, et il savait que c'était la meilleure décision qu'il ait jamais prise.

Le désir de Niel de travailler dans un atelier d'horlogerie à l'étranger était motivé par sa passion pour le métier et sa vision de suivre les nuages. Il a pu réaliser ce rêve en saisissant l'opportunité de travailler dans une plate-forme d'atelier au

Royaume-Uni, dans un groupe de luxe, où il s'est entouré de certains des meilleurs horlogers du monde. Son travail acharné et son dévouement à l'artisanat l'ont amené à devenir l'un des horlogers les plus respectés de l'atelier et à créer des chefs-d'œuvre recherchés par les collectionneurs et les passionnés.

Niel n'était pas seulement un horloger qualifié, mais il était aussi un membre respecté de la communauté. Il travaillait depuis 3 ans dans la plateforme horlogère d'un grand groupe de luxe et s'était fait un nom comme l'un des horlogers les plus talentueux de l'industrie. Pendant son séjour au Royaume-Uni, Niel a eu l'occasion de rencontrer la communauté chrétienne philippine. Ils l'ont accueilli à bras ouverts, et il s'est vite senti chez lui parmi eux. Ils l'ont aidé à grandir dans sa foi, et il a trouvé du réconfort dans leurs enseignements et dans le sens de la communauté qu'ils lui ont procuré.

C'est lors d'un événement religieux que Niel a rencontré Rose, une jeune avocate passionnée par la justice sociale. Ils se sont immédiatement entendus et Niel a su qu'elle était quelqu'un de spécial. Ils passaient de plus en plus de temps ensemble et ne tardèrent pas à tomber amoureux. Rose n'était pas seulement la future épouse de Niel, mais aussi une partenaire commerciale précieuse. Elle l'a aidé à développer son entreprise en lui fournissant des conseils juridiques, et elle l'a également aidé à établir une solide réputation dans la communauté. Son sens aigu des affaires et sa passion pour la justice sociale ont fait de l'atelier de Niel l'un des plus prospères de l'industrie. Malgré le succès de l'entreprise, Niel n'a jamais oublié sa passion pour l'horlogerie. Il cherchait toujours des moyens d'améliorer son art et il expérimentait constamment de nouvelles techniques et conceptions. Il était déterminé à créer des montres qui seraient chéries pour les générations à venir.

Pendant 7 ans, l'amour et la passion de Niel et Rose pour leurs domaines respectifs leur ont apporté une croissance personnelle et professionnelle, ils ont pu créer un atelier à la fois réussi et socialement responsable, créant des montres qui ont non seulement servi d'œuvre d'art mais aussi a redonné à la communauté par le biais d'initiatives philanthropiques. L'histoire de Niel témoigne du pouvoir du travail acharné, de la passion et du dévouement. Il est passé d'un jeune homme avec un rêve à un horloger respecté et prospère, tout en restant fidèle à ses valeurs et en suivant son cœur. Son héritage se perpétue dans les montres qu'il a créées et dans l'atelier qui continue de prospérer longtemps après son séjour là-bas.

Le parcours de Niel en tant qu'horloger est une histoire de passion, de travail acharné et de détermination. Il a pu concrétiser son rêve de travailler dans un atelier horloger à l'étranger et est devenu l'un des horlogers les plus respectés de l'industrie. Il a également trouvé amour et soutien dans la communauté chrétienne des Philippines, où il a rencontré sa future épouse, Rose, qui l'a aidé à développer son entreprise et à la rendre socialement responsable. L'histoire de Niel est une source d'inspiration pour tous ceux qui poursuivent leurs rêves et sont prêts à travailler dur pour les concrétiser.

CHAPITRE 6: BÂTIR UNE ENTREPRISE

Proverbes 16:3 - "Recommandez à l'Éternel tout ce que vous faites, et il établira vos plans."

Niel est né aux Philippines mais a grandi en Suisse, où il a développé une passion pour l'horlogerie dès son plus jeune âge. En grandissant, il était fasciné par la mécanique complexe et la précision des montres, et savait qu'il voulait poursuivre une carrière dans le domaine.

Après avoir terminé ses études en

Suisse, Niel a décidé d'approfondir ses compétences en travaillant à l'étranger au Royaume-Uni. C'est là qu'il a rencontré sa femme, Rose, qui était avocate. Ils se sont liés par leur passion commune pour le métier et ont finalement décidé de créer leur propre entreprise ensemble.

Colossiens 3:23 - "Tout ce que vous faites, travaillez-le de tout votre cœur, comme si vous travailliez pour le Seigneur et non pour des maîtres humains."

Cependant, Niel et Rose voulaient faire quelque chose de différent avec leur entreprise. Ils voulaient intégrer des pratiques respectueuses de l'environnement et une technologie de pointe dans leurs montres. Ils savaient que c'était l'avenir de l'industrie et ils voulaient être à l'avant-garde.

"La meilleure façon de prédire l'avenir est de le créer." - Abraham Lincoln

Pour les aider, ils ont contacté l'ami avocat de Rose qui les a aidés avec les aspects juridiques et commerciaux du démarrage d'une nouvelle entreprise. Ensemble, ils ont commencé à planifier et à développer de nouvelles façons de fabriquer des montres à la fois respectueuses de l'environnement et technologiquement avancées. L'une des plus grandes innovations qu'ils ont introduites a été l'utilisation de la fonctionnalité AI dans leurs montres. Ils pensaient que cela rendrait non seulement leurs montres plus pratiques pour les clients, mais contribuerait également à réduire leur impact environnemental.

Proverbes 14:23 - "Tout travail acharné rapporte, mais de simples paroles ne mènent qu'à la pauvreté."

Par exemple, ils ont intégré une fonctionnalité qui ajusterait automatiquement les paramètres de la montre en fonction de l'emplacement et du fuseau horaire de l'utilisateur, réduisant ainsi le besoin d'ajustements manuels. Ils ont également ajouté une fonctionnalité qui suivrait les niveaux d'activité du porteur et lui fournirait des recommandations de fitness personnalisées.

Philippiens 4:13 - "Je puis tout par Christ qui me fortifie."

En plus d'intégrer la fonctionnalité d'intelligence artificielle, Niel et Rose se sont également concentrés sur l'utilisation de matériaux durables dans leurs montres. Ils s'approvisionnaient en matériaux auprès de fournisseurs qui utilisaient des méthodes de production respectueuses de l'environnement et s'assuraient que leurs montres étaient entièrement recyclables. Alors qu'ils développaient leur entreprise, Niel et Rose ont dû faire face à plusieurs défis. Ils ont dû naviguer dans des réglementations complexes et naviguer dans le paysage concurrentiel de l'industrie horlogère. Mais avec l'aide de leurs avocats, ils ont pu surmonter ces obstacles et établir leur entreprise en tant que leader dans le domaine des montres écologiques et technologiquement avancées.

> *Esaïe 54:2 - "Agrandis l'emplacement de ta tente, étends largement les rideaux de ta tente, ne te retiens pas; allonge tes cordes, affermis tes pieux."*

Aujourd'hui, les montres de Niel et Rose sont très recherchées par les clients qui recherchent des montres élégantes et fonctionnelles qui sont également respectueuses de l'environnement. Ils continuent d'innover et de développer de nouvelles technologies, s'assurant que leur entreprise reste à la pointe de l'industrie.

Alors que l'activité de Niel et Rose continuait de croître et d'évoluer, ils ont commencé à se concentrer sur le développement de technologies nouvelles et passionnantes qui distingueraient leurs montres de la concurrence. L'un des projets les plus ambitieux qu'ils ont entrepris a été d'intégrer la technologie de téléportation dans leurs montres. La téléportation, ou la capacité de transporter instantanément un objet d'un endroit à un autre, est depuis longtemps un sujet de science-fiction et de fantasy. Cependant, Niel et Rose y ont vu un changement potentiel pour l'industrie horlogère.

Ils ont commencé à travailler avec une équipe d'ingénieurs et de scientifiques pour développer la technologie. Ils voulaient créer une montre qui pourrait transporter instantanément le porteur d'un endroit à un autre, leur faisant gagner du temps et des efforts. Ils ont également vu le potentiel d'utilisation de cette technologie dans d'autres domaines, tels que les interventions d'urgence et la logistique.

"Je pense qu'il est important d'avoir un bon échec dur quand on est jeune. J'ai beaucoup appris de cela." -Mark Zuckerberg

L'équipe a fait face à de nombreux défis dans le développement de la technologie de téléportation. Il y avait beaucoup d'inconnues et c'était un processus complexe et difficile. Cependant, ils ont pu surmonter ces obstacles et faire des progrès significatifs. Les montres de Niel et Rose étaient désormais équipées d'une technologie de téléportation qui permet au porteur de se transporter à n'importe quel endroit de son choix.

C'était une technologie révolutionnaire qui allait changer la façon dont les gens voyagent et travaillent. Comme ils incorporaient la technologie de téléportation, ils souhaitaient également améliorer la montre avec une fonctionnalité d'IA avancée. Avec l'aide de leur équipe d'ingénieurs et de scientifiques, ils ont pu créer des montres capables de prévoir les besoins du porteur et de faire des suggestions en conséquence. Par exemple, la montre saurait quand le porteur est en retard pour un rendez-vous et le transporterait automatiquement vers sa destination.

Il suivrait également l'emplacement du porteur et suggérerait des restaurants ou des magasins à proximité qu'il pourrait être intéressé à visiter. Lorsque les montres de Niel et Rose ont commencé à arriver sur le marché, elles ont rencontré une demande écrasante. Les gens étaient enthousiasmés par la nouvelle technologie et impatients de mettre la main sur l'une des montres.

Cependant, tout le monde n'était pas d'accord avec l'idée de la technologie de téléportation. Certaines personnes étaient préoccupées par les implications potentielles de la technologie en matière d'éthique et de sécurité. Niel et Rose ont travaillé en étroite collaboration avec le gouvernement et les organismes de réglementation pour répondre à ces préoccupations et s'assurer que les montres étaient utilisées de manière sûre et responsable.

"Les opportunités d'affaires sont comme les bus, il y en a toujours un autre qui arrive." -Richard Branson

L'incorporation par Niel et Rose de la technologie de téléportation dans leurs montres témoigne de leur innovation et de leur approche avant-gardiste de l'industrie horlogère. Ils ont vu un avenir où cette technologie deviendrait une réalité et ont pu la concrétiser. Cela a non seulement changé la façon dont les gens voyagent et travaillent, mais a également ouvert une nouvelle porte dans le domaine de la technologie. Les montres de Niel et Rose sont désormais les montres les plus recherchées au monde et elles continuent de repousser les limites de ce qui est possible avec cette technologie.

Le parcours de Niel et Rose en tant qu'horlogers montre comment une idée et la vision de changer l'industrie peuvent être transformées en réalité avec la bonne approche, les bons conseils et un travail acharné. Ils sont une source d'inspiration pour beaucoup et leur histoire nous rappelle que tout est possible si vous avez la détermination et la volonté d'y arriver. Niel est né aux Philippines mais a grandi en Suisse, où il a développé une passion pour l'horlogerie dès son plus jeune âge. En grandissant, il était fasciné par la mécanique complexe et la précision des montres, et savait qu'il voulait poursuivre une carrière dans le domaine.

Après avoir terminé ses études en

Suisse, Niel a décidé d'approfondir ses compétences en travaillant à l'étranger au Royaume-Uni. C'est là qu'il rencontre sa femme, Rose, également horlogère. Ils se sont liés par leur passion commune pour le métier et ont finalement décidé de créer leur propre entreprise ensemble.

Pour les aider, ils ont contacté l'ami avocat de Rose qui les a aidés avec les aspects juridiques et commerciaux du démarrage d'une nouvelle entreprise. Ensemble, ils ont commencé à planifier et à développer de nouvelles façons de fabriquer des montres à la fois respectueuses de l'environnement et technologiquement avancées.

Alors que Niel était assis dans son atelier, réfléchissant à de nouvelles façons d'intégrer la technologie de l'IA dans son entreprise horlogère, il a soudainement eu une vision de lui-même en tant que jeune enfant, allongé sur la plage et regardant les nuages. Il s'est souvenu qu'il avait l'habitude de rêver de les suivre un jour, et l'idée lui est venue : pourquoi ne pas utiliser la technologie de l'IA pour créer des montres capables de suivre et de prédire les conditions météorologiques ?

Enthousiasmé par cette possibilité, Niel a immédiatement commencé à rechercher la technologie qui serait nécessaire pour concrétiser cette idée. Il a rapidement découvert qu'il existait un certain nombre de capteurs et d'algorithmes qui pouvaient être utilisés pour suivre les tendances météorologiques et fournir aux utilisateurs des informations précises et à jour.

Déterminé à faire de sa vision une

réalité, Niel a commencé à travailler sans relâche sur le développement de ses nouvelles montres. Il a collaboré avec des météorologues et des programmeurs pour créer des algorithmes avancés capables de prédire avec précision les conditions météorologiques et de fournir aux utilisateurs des mises à jour en temps réel sur la météo dans leur région. En travaillant sur ce projet, Niel a commencé à réaliser que la clé du succès serait de rendre les montres conviviales et accessibles à un large éventail de clients.

Il savait qu'il devrait concevoir des montres élégantes, élégantes et faciles à utiliser. Avec l'aide de son équipe, Niel a passé des mois à perfectionner le design des montres et à s'assurer qu'elles étaient aussi conviviales que possible. Ils ont travaillé sur le développement d'une application mobile qui permettrait aux utilisateurs d'accéder aux mises à jour météorologiques en temps réel et de recevoir des alertes sur les conditions météorologiques extrêmes.

L'innovation fait la distinction entre un leader et un suiveur." -Steve Jobs Enfin, après des mois de travail acharné et de développement, les montres de Niel étaient prêtes à être lancées. Elles ont été un énorme succès, les clients louant les informations météorologiques précises et à jour, ainsi que le design élégant des montres. Au fur et à mesure que l'entreprise se développait, Niel n'a jamais oublié la vision qui l'avait inspiré pour créer les montres en premier lieu. Il pensait constamment à de nouvelles façons d'améliorer les montres et de les rendre encore plus utilisables. - Convivial et précis.

Au fil du temps, les montres de Niel sont devenues connues comme faisant partie des montres de prévision météo les plus avancées et les plus précises du marché. Il avait réussi à transformer son rêve d'enfant en réalité, et ce faisant, il avait changé la façon dont les gens pensaient. sur les montres et les prévisions météorologiques. Aujourd'hui, les montres de Niel et Rose sont très recherchées par les clients qui recherchent des montres élégantes et fonctionnelles qui sont également respectueuses de l'environnement. Ils continuent d'innover un et développer de nouvelles technologies, en veillant à ce que leur entreprise reste à la pointe de l'industrie. Au fur et à mesure que l'entreprise de Niel et Rose se développait, ils sont toujours restés connectés à la communauté de l'église chrétienne Pinoy dont ils faisaient partie. Ils ont soutenu la communauté avec leur entreprise et ont également contribué à des œuvres caritatives, aidant de nombreuses personnes dans le besoin. Ils ont toujours cru qu'il fallait redonner à la société et cela les a aidés à se sentir épanouis et heureux.

Le parcours de Niel et Rose en tant qu'horlogers montre comment une idée et la vision de changer l'industrie peuvent être transformées en réalité avec la bonne approche, les bons conseils et un travail acharné. Ils sont une source d'inspiration pour beaucoup et leur histoire nous rappelle que tout est possible si vous avez la détermination et la volonté d'y arriver. L'histoire de Niel témoigne du pouvoir de la vision et du travail acharné. Son rêve d'enfance de suivre les nuages, un jour lui a donné l'idée de développer un produit qui profiterait à beaucoup de gens et serait une révolution dans l'industrie horlogère. Le développement des montres de prévision météorologique grâce à la technologie de l'IA a fourni à de nombreuses personnes un moyen précis et pratique de rester informé de la météo, et cela a changé la façon dont les gens perçoivent les montres.

CHAPITRE 7 : RÉALISATIONS

Des années plus tard, Niel repensa à son voyage et réalisa qu'il avait réalisé son rêve de suivre les nuages. avait voyagé dans un nouveau pays et poursuivi sa passion, devenant ainsi un horloger à succès. Malgré les défis auxquels il a été confronté en cours de route, Niel était reconnaissant d'avoir l'opportunité de suivre les nuages et de découvrir tout ce que la vie avait à offrir. Le parcours de Niel depuis ses humbles débuts dans un village de pêcheurs aux Philippines jusqu'à devenir un entrepreneur horloger prospère est vraiment inspirant.

Élevé par ses grands-parents, il a eu une enfance difficile mais a toujours été déterminé à faire quelque chose de lui-même. À l'âge de 12 ans, Niel et sa famille ont déménagé en Suisse pour commencer une nouvelle vie. Il a grandi avec sa mère, Joy, son beau-père Sylvian et ses deux frères, James et Henry. Malgré les défis auxquels ils ont dû faire face, ils ont réussi à se faire une vie en Suisse.

C'est en Suisse que Niel découvre sa passion pour l'horlogerie. Il était fasciné par la mécanique complexe et la précision des montres, et savait qu'il voulait poursuivre une carrière dans le domaine. Après avoir terminé ses études, Niel a décidé d'approfondir ses compétences en travaillant à l'étranger au Royaume-Uni. C'est au Royaume-

Uni que Niel a rencontré sa future épouse, Rose. Ils se sont liés par leur passion commune pour l'horlogerie et ont finalement décidé de créer leur propre entreprise ensemble.

Cependant, Niel et Rose voulaient faire quelque chose de différent avec leur entreprise. Ils voulaient intégrer des pratiques respectueuses de l'environnement et une technologie de pointe dans leurs montres. Ils savaient que c'était l'avenir de l'industrie et ils voulaient être à l'avant-garde.

Leur travail acharné et leur détermination ont porté leurs fruits et leur entreprise est rapidement devenue un succès. Ils ont pu créer des montres à la fois respectueuses de l'environnement et technologiquement avancées, intégrant des fonctionnalités d'intelligence artificielle et une technologie de téléportation.

Leurs montres étaient très demandées et ils ont pu s'imposer comme des leaders dans le domaine. Cependant, l'histoire de Niel ne s'arrête pas là. Il est devenu un chrétien fidèle et à travers cela, son côté philanthropique est sorti. Il a décidé de redonner à la communauté et a décidé d'utiliser sa richesse pour soutenir des organisations et des orphelinats. Il croyait que sa richesse était une bénédiction et qu'elle devait être utilisée pour aider les autres. Il a commencé à soutenir plusieurs organisations aux Philippines et en Suisse, finançant des projets d'éducation, de santé et de développement communautaire.

Il a également créé un orphelinat aux Philippines, offrant un foyer sûr et aimant aux enfants orphelins ou abandonnés. La vie de réalisation de Niel est vraiment remarquable. Il a surmonté de nombreux obstacles et défis, depuis ses humbles débuts aux Philippines, jusqu'à son déménagement en Suisse à un jeune âge, puis son travail au Royaume-Uni. Sa détermination et son travail acharné l'ont conduit au succès dans l'industrie horlogère, grâce à sa technologie innovante basée sur l'IA et la téléportation. Sa vision de suivre le nuage lorsqu'il était enfant est maintenant devenue réalité et il a réalisé ses rêves. De plus, Niel et sa femme Rose, qu'il a rencontrés dans une église chrétienne philippine et qui est devenue son partenaire commercial, ont non seulement bâti une entreprise prospère, mais ont également un sens aigu de la philanthropie.

Ils ont consacré leur vie à redonner à la communauté, en contribuant à la construction de maisons aux Philippines pour résister à de fortes tempêtes et à des abris pour les nécessiteux du monde entier. L'histoire de Niel est une source d'inspiration pour nous tous et nous rappelle que tout est possible si vous avez la volonté et la détermination de réussir. Avec toutes ses réalisations, Niel restera dans les mémoires comme un homme d'affaires prospère, un philanthrope et un père de famille qui a eu un impact positif sur la vie de nombreuses personnes. Il sera une source d'inspiration pour beaucoup et continuera d'être un modèle pour les générations à venir.

REMERCIEMENTS

Je suis vraiment chanceux d'avoir eu autant de soutien de personnes tout au long de l'écriture de ce livre. Avant tout, je rends grâce au Seigneur tout-puissant, Jésus-Christ, pour son amour et ses conseils inébranlables. Sans sa force et sa sagesse, ce livre n'aurait pas été possible.

Je suis profondément reconnaissant à mon pasteur, Benee, qui a été une source constante d'inspiration et d'encouragement. Ses enseignements et ses sermons ont joué un rôle essentiel dans la formation du message de ce livre. Je voudrais également exprimer ma gratitude à Kuya Manny, un ancien de Passion Church, qui a été un mentor et un modèle pour moi. Sa sagesse et ses conseils ont été inestimables dans la rédaction de ce livre. Je suis également reconnaissant envers les enseignants de Passion Church qui m'ont inspiré à poursuivre ce projet. Leur dévouement et leur passion pour l'enseignement ont été une source d'inspiration pour moi.

Je tiens à remercier ma mère, Joy, pour son amour et son soutien tout au long de ma vie. Elle m'a appris l'importance de la générosité et de la gentillesse et a été une source constante d'inspiration. Je suis également reconnaissant à mes grands-parents, qui m'ont inculqué les principes du travail acharné et de la persévérance. Leur héritage a eu une influence importante sur ce livre.

Je tiens à exprimer ma gratitude à

mes frères James et Marco, pour leur amour et leur soutien au fil des ans. Vos encouragements et votre confiance en moi ont été une source de force et d'inspiration. Je suis également reconnaissant à tous mes proches aux Philippines et en Suisse, pour leur amour et leur soutien, ils ont été une source importante d'inspiration et d'encouragement au fil des ans.

Je remercie également mes amis et collègues pour leur soutien indéfectible et leurs encouragements tout au long du processus d'écriture. Vos commentaires et suggestions ont été inestimables pour façonner le produit final.

Enfin, je tiens à remercier mes clients et sympathisants, qui ont cru en moi et soutenu mon travail. Vos encouragements et votre confiance en moi ont été le moteur de ce projet.

Je suis vraiment béni d'avoir eu une telle communauté de soutien tout au long de l'écriture de ce livre. Merci à tous pour votre soutien et vos contributions. C'est grâce à vous que ce livre est possible.